Die Erfindung
der Raumfahrt

Reise, Analyse und Perspektive

Eine Betrachtung

von

Lutz Spilker

DIE ERFINDUNG DER RAUMFAHRT – REISE, ANALYSE UND PERSPEKTIVE

Bibliografische Information der Deutschen Nationalbibliothek:
Die Deutsche Nationalbibliothek verzeichnet diese Publikation in der Deutschen Nationalbibliografie; detaillierte bibliografische Daten sind im Internet über http://dnb.dnb.de abrufbar.

Softcover ISBN: 978-3-384-21000-5
Ebook ISBN: 978-3-384-21001-2

© 2024 by Lutz Spilker
Druck und Distribution im Auftrag des Autors:
tredition GmbH, An der Strusbek 10, 22926 Ahrensburg, Germany

Inhalt

Bei der Eroberung des Weltraums sind zwei Probleme zu lösen: die Schwerkraft und der Papierkrieg. Mit der Schwerkraft wären wir fertig geworden.

Wernher von Braun

Wernher Magnus Maximilian Freiherr von Braun (* 23. März 1912 in Wirsitz, Provinz Posen, Königreich Preußen, Deutsches Reich; † 16. Juni 1977 in Alexandria, Virginia, USA) war als deutscher und später US-amerikanischer Raketenpionier Wegbereiter der Raketenwaffen und der Raumfahrt.

Vorwort

Seitdem der Mensch zum ersten Mal seinen Lebensraum wahrnahm und diesen als unabänderlich begriff, seit er also zum ersten Mal dieser Erkenntnis unterlag, vergrößerte sich seine Welt zunehmend. Mit jeder weiteren Erfahrung wuchs nicht nur das Verständnis zu sich selbst und seiner direkten Umwelt, sondern auch zu der Welt, die sich jenseits des Himmels befindet; das Universum. Es vergingen viele Tausend Jahre, bis der Mensch in der Lage war mit der Erforschung des Alls starten zu können, denn die dazu erforderliche Technologie existierte noch lange nicht. Die ersten Beobachtungen und handschriftlichen Aufzeichnungen waren – angesichts der bescheidenen Mittel – unvollständig, ungenau und unbefriedigend.

Doch die Sehnsucht des Menschen, die Geheimnisse des Kosmos zu ergründen, ließ nicht nach. In den Mythen und Legenden aller Kulturen finden sich Geschichten von Helden, die mutig in die Lüfte aufbrachen, um die Götter zu erreichen oder fernen Welten zu erkunden. Diese uralten Träume von Flug und Abenteuer waren der Keim für das, was später als Raumfahrt bekannt werden sollte.

Die eigentliche Geburtsstunde der Raumfahrt liegt jedoch nicht in fernen Zeiten der Mythologie, sondern in den nüchternen Labors und Werkstätten des 20. Jahrhunderts. Es war eine Ära des Aufbruchs und der Innovation, geprägt von den Span nungen des Kalten Krieges und dem Wettlauf ins All zwischen den Supermächten des Ostens und des Westens.

In dieser Zeit, die von politischen Intrigen und technologischen Durchbrüchen geprägt war, wagten die Menschen die ersten zaghaften Schritte in den Weltraum. Der Start des sowjetischen Satelliten Sputnik 1 im Jahr 1957 markierte den Beginn einer neuen Ära und löste eine Welle der Begeisterung und des Erstaunens auf der ganzen Welt aus. Plötzlich schien der Himmel nicht mehr unerreichbar zu sein, sondern eröffnete sich als neues Terrain für die Erkundung und Entdeckung.

Seitdem haben Raumfahrer den Mond betreten, Robotermissionen haben die fernen Planeten unseres Sonnensystems erkundet und Weltraumteleskope haben uns einen atemberaubenden Blick auf die unendlichen Weiten des Universums ermöglicht. Die Raumfahrt hat nicht nur unser Verständnis des Kosmos erweitert, sondern auch zu zahlreichen technologischen Fortschritten geführt, die unser tägliches Leben grundlegend verändert haben.

Doch die Reise ins All ist noch lange nicht zu Ende. Die menschliche Neugier und Entdeckungslust kennen keine Grenzen, und die Bemühungen um die Erforschung des Weltraums gehen weiter. Von bemannten Missionen zum Mars bis hin zu ehrgeizigen Plänen für interstellare Reisen gibt es noch viele Abenteuer zu erleben und Geheimnisse zu enthüllen.

In diesem Buch, ›Die Erfindung der Raumfahrt‹, laden wir Sie ein, auf eine fesselnde Reise durch die Geschichte der Raumfahrt zu gehen. Wir werden die Meilensteine und Wendepunkte dieser epischen Reise erkunden, die Menschen hinter den Missionen kennenlernen und die Auswirkungen der Raumfahrt auf unsere Welt und unsere Zukunft untersuchen. Möge dieses Buch nicht nur Wissen vermitteln, sondern auch Begeisterung wecken für das große Abenteuer der Raumfahrt, das uns alle verbindet und inspiriert.

Die Anfänge der Raumfahrt

In den frühesten Zeiten der Menschheitsgeschichte faszinierte der Himmel die Menschen auf eine mystische Weise. Die Sterne, die Sonne und der Mond wurden nicht nur als astronomische Phänomene betrachtet, sondern oft auch als Götter oder göttliche Manifestationen verehrt. Aus dieser tiefen Verbundenheit mit dem Himmel und dem Wunsch, ihn zu verstehen, entstanden zahlreiche Mythen, Legenden und Geschichten, die von Fluggeräten, fliegenden Göttern und Helden erzählten, die mutig in den Himmel aufbrachen.

Die alten Kulturen hatten unterschiedliche Vorstellungen und Interpretationen des Himmels. In der griechischen Mythologie flogen beispielsweise Götter wie Zeus und Hermes durch die Lüfte, während in der ägyptischen Mythologie der Sonnengott Ra einen Sonnenwagen durch den Himmel lenkte. Ähnliche Vorstellungen von himmlischen Reisen finden sich auch in den mythologischen Traditionen anderer Kulturen auf der ganzen Welt.

Im Laufe der Jahrhunderte entwickelten sich diese frühen Vorstellungen von himmlischen Reisen zu konkreteren technischen Konzepten. Im antiken Griechenland beschäftigten sich Philosophen wie Aristoteles und Archimedes mit Fragen der Mechanik und Physik, die später für die Entwicklung der Raumfahrt von entscheidender Bedeutung sein sollten. Doch trotz dieser intellektuellen Fortschritte blieb die Idee des Fliegens im Weltraum für lange Zeit ein reines Gedankenspiel, weit entfernt von jeglicher praktischen Umsetzung.

Erst im späten 19. und frühen 20. Jahrhundert begannen die ersten zarten Versuche, den Himmel zu erobern. Inspiriert von den Entdeckungen und Theorien der modernen Wissenschaft, begannen Ingenieure und Visionäre, Konzepte für Raketenantriebe zu entwickeln, die es ermöglichen sollten, Menschen und Geräte in den Weltraum zu transportieren.

Einer der Wegbereiter dieser frühen Raumfahrtträume war der russische Wissenschaftler Konstantin Ziolkowski. Mit seiner bahnbrechenden Arbeit zur Raketenmechanik und Weltraumforschung legte er die theoretischen Grundlagen für die moderne Raumfahrt. Ziolkowskis Visionen von Raketenflügen zum Mond und zu anderen Planeten inspirierten Generationen von Raumfahrtenthusiasten und legten den Grundstein für die Erfolge der Raumfahrt im 20. Jahrhundert.

Das Erbe von Konstantin Ziolkowski und anderen frühen Raumfahrtpionieren ist ein wichtiger Teil der Geschichte der Raumfahrt. Ihre Arbeit und ihre Träume haben den Weg geebnet für die mutigen Männer und Frauen, die später in den Weltraum aufbrachen, und für die technologischen Errungenschaften, die es uns heute ermöglichen, das Universum zu erkunden.

Der Traum vom Fliegen
im 20. Jahrhundert

Im Verlauf des 20. Jahrhunderts erlebte die Menschheit einen beispiellosen technologischen Fortschritt, der auch den Traum vom Fliegen in den Weltraum neu entfachte. Eine entscheidende Figur in diesem Aufbruch war der amerikanische Physiker und Raumfahrtpionier Robert Goddard.

Goddard wurde 1882 in Worcester, Massachusetts, geboren und zeigte schon früh ein außergewöhnliches Interesse an Wissenschaft und Technik. Bereits als Jugendlicher begann er, sich mit den Prinzipien der Raketenphysik auseinanderzusetzen und träumte davon, eines Tages ins All zu reisen.

Seine ersten Experimente mit Raketen führte Goddard während seines Studiums an der Worcester Polytechnic Institute durch. In seinem kleinen Laboratorium tüftelte er an verschiedenen Prototypen und verfeinerte seine theoretischen Berechnungen zur Raketenmechanik.

Der Durchbruch kam im Jahr 1926, als Goddard erfolgreich eine Flüssigkeitsrakete startete, die von einer Mischung aus flüssigem Sauerstoff und Benzin angetrieben wurde. Dieser historische Flug, der in einem Maisfeld in Massachusetts stattfand, markierte den Beginn der modernen Raumfahrt und legte den Grundstein für alle nachfolgenden Entwicklungen auf diesem Gebiet.

Goddards Arbeit war von entscheidender Bedeutung für die Entwicklung der Raumfahrttechnologie. Seine Experimente und Entdeckungen auf dem Gebiet der Raketenphysik legten die Grundlagen für die späteren Raumfahrtprogramme der NASA und anderer Raumfahrtorganisationen.

Trotz seiner bahnbrechenden Arbeit und seiner visionären Ideen wurde Goddard zu Lebzeiten oft belächelt und missverstanden. Viele seiner Zeitgenossen konnten sich nicht vorstellen, dass Menschen jemals in der Lage sein würden, den Weltraum zu bereisen, und betrachteten seine Träume als reine Fantasie.

Doch Goddard ließ sich von diesen Zweifeln nicht entmutigen. Mit unbeugsamem Ehrgeiz und unerschütterlichem Glauben an seine Visionen setzte er seine Forschungsarbeit fort und ebnete den Weg für die Raumfahrtrevolution, die das 20. Jahrhundert prägte.

Robert Goddard starb 1945, lange bevor die ersten Menschen tatsächlich ins All aufbrachen. Doch sein Erbe lebt weiter in den unzähligen Raketenstarts, Weltraummissionen und wissenschaftlichen Entdeckungen, die seine Pionierarbeit möglich gemacht haben. Sein Name wird für immer mit dem Traum vom Fliegen im 20. Jahrhundert verbunden sein und als Symbol für den menschlichen Forschergeist und den unbändigen Drang nach Erkenntnis und Abenteuer dienen.

Der Zweite Weltkrieg und die Raketenentwicklung

Während des Zweiten Weltkriegs erlebte die Raketenentwicklung einen entscheidenden Schub, insbesondere durch das deutsche Raketenprogramm unter der Führung von Wernher von Braun. Unter dem Druck der Kriegsanstrengungen arbeiteten deutsche Wissenschaftler und Ingenieure an der Entwicklung neuer Waffentechnologien, darunter auch die bahnbrechende V-2-Rakete.

Die V-2, auch bekannt als ›Vergeltungswaffe 2‹, war die weltweit erste Großrakete, die als ballistische Rakete eingesetzt wurde. Mit einer Reichweite von mehr als 300 Kilometern konnte die V-2 schwere Sprengköpfe über große Entfernungen tragen und verursachte erhebliche Schäden in den von Deutschland besetzten Gebieten und darüber hinaus.

Eine Schlüsselfigur in der Entwicklung der V-2 und anderer Raketenprojekte des Dritten Reiches war Wernher von Braun. Von Braun, ein brillanter Ingenieur und Visionär, trat bereits in jungen Jahren der NSDAP bei und nutzte seine politischen Verbindungen, um seine Forschungen voranzutreiben.

Unter von Brauns Leitung wurde das geheime Raketenforschungszentrum Peenemünde an der deutschen Ostseeküste gegründet, wo Tausende von Wissenschaftlern und Technikern an der Entwicklung von Raketen arbeiteten. Dort entstand auch die erste funktionstüchtige V-2-Rakete, die im September 1944 erstmals erfolgreich eingesetzt wurde.

Trotz ihres militärischen Erfolgs blieb die V-2 jedoch ein teures und ineffizientes Waffensystem, das im Vergleich zu konventionellen Waffen nur begrenzte Schäden anrichtete. Dennoch hatte die V-2 einen enormen Einfluss auf die nachfolgende Raketenentwicklung und trug wesentlich zum technologischen Fortschritt in diesem Bereich bei.

Nach dem Krieg wurden Wernher von Braun und viele seiner Mitarbeiter von den Alliierten gefangen genommen und in die USA gebracht, wo sie an der Entwicklung von Raketen für das aufstrebende amerikanische Raumfahrtprogramm arbeiteten. Von Braun spielte eine zentrale Rolle bei der Entwicklung der Saturn-Raketen, die schließlich die ersten amerikanischen Astronauten ins All beförderten und den Grundstein für die Mondlandungen legten.

Die Geschichte der V-2 und von Brauns Rolle in der Raketenentwicklung verdeutlicht die komplexe Beziehung zwischen Krieg und Technologie sowie die Dualität von Fortschritt und Zerstörung, die die Raumfahrtgeschichte seit ihren Anfängen geprägt hat.

Der Beginn des Weltraumzeitalters

Am 4. Oktober 1957 wurde die Welt in ihren Grundfesten erschüttert, als die Sowjetunion den ersten künstlichen Satelliten ins All schickte: Sputnik 1. Diese kleine, kugelförmige Metallkugel, ausgestattet mit einfachen Sendern, um Funksignale auszusenden, markierte den Beginn des Weltraumzeitalters und löste einen globalen Wettlauf ins All aus.

Für die sowjetische Führung unter dem Regime von Nikita Chruschtschow war der Start von Sputnik 1 ein triumphaler Moment, der die technologische Überlegenheit der UdSSR demonstrierte und die Weltmachtstellung der USA in Frage stellte. Die Amerikaner hingegen waren schockiert und alarmiert über den plötzlichen Vorsprung der Sowjets in der Raumfahrt.

Der Start von Sputnik 1 hatte weitreichende politische, militärische und technologische Konsequenzen. Er löste eine Welle der Panik und des Alarmismus in den USA aus, die als ›Sputnik-Schock‹ bekannt wurde. Präsident Dwight D. Eisenhower reagierte mit der Gründung der National Aeronautics and Space Administration (NASA) und beschleunigte das amerikanische Raumfahrtprogramm in einem verzweifelten Versuch, den sowjetischen Vorsprung aufzuholen.

Der Wettlauf ins All wurde zu einem zentralen Schauplatz des Kalten Krieges, in dem die beiden Supermächte um die Vorherrschaft im Weltraum kämpften. Beide Seiten investierten enorme Ressourcen in die Entwicklung von Trägerraketen, Satelliten und bemannten Raumfahrzeugen und führten eine Reihe von spektakulären Missionen durch, darunter die ersten bemannten Raumflüge von Juri Gagarin und Alan Shepard.

Doch trotz des intensiven Wettbewerbs gab es auch Momente der Zusammenarbeit und des Austauschs zwischen den beiden Supermächten. Der sowjetische Start von Sputnik 1 inspirierte die Amerikaner, ihr eigenes Raumfahrtprogramm voranzutreiben, und ebnete den Weg für eine Ära der internationalen Kooperation in der Raumfahrt.

Der Start von Sputnik 1 war mehr als nur ein technologisches Ereignis – er war ein Wendepunkt in der Geschichte der Menschheit, der die Grenzen des Möglichen neu definierte und den Weg für eine neue Ära der Erforschung des Weltraums öffnete. Sputnik 1 wird für immer als Symbol für den unerschütterlichen menschlichen Drang nach Erkundung und Entdeckung im Weltraum stehen.

Der erste Mensch im All

Am 12. April 1961 wurde die Menschheit von einem historischen Ereignis erschüttert, als der sowjetische Kosmonaut Juri Gagarin als erster Mensch erfolgreich ins All flog. Sein Flug an Bord der Raumkapsel ›Wostok 1‹ markierte einen epochalen Moment in der Geschichte der Raumfahrt und der Menschheit.

Juri Gagarin wurde 1934 in Russland geboren und wuchs in bescheidenen Verhältnissen auf. Als Sohn einer Bauernfamilie träumte er schon als Kind davon, Pilot zu werden, und trat nach seinem Schulabschluss in die sowjetische Luftwaffe ein. Dort zeigte er außergewöhnliche Fähigkeiten als Pilot und wurde schließlich für das Raumfahrtprogramm der UdSSR ausgewählt.

Gagarins historischer Flug begann am frühen Morgen des 12. Aprils, als er an Bord der ›Wostok 1‹ startete und in eine Erdumlaufbahn geschossen wurde. Während seines knapp 108-minütigen Fluges umkreiste er die Erde einmal und erlebte die Schwerelosigkeit als erster Mensch. Sein legendärer Ausspruch ›Poyekhali!‹ (Los geht's!) wurde zu einem Symbol für den Beginn des Raumfahrtzeitalters.

Nach seinem triumphalen Flug wurde Gagarin zum internationalen Superstar und zur Symbolfigur der sowjetischen Raumfahrt. Er reiste in viele Länder der Welt und wurde von Staats-

und Regierungschefs empfangen. Seine bescheidene und charismatische Persönlichkeit machte ihn zu einem beliebten Botschafter für die Friedensbemühungen der UdSSR und für die Ideale der Raumfahrt.

Trotz seines Ruhmes und seiner Popularität blieb Gagarin ein bescheidener und bodenständiger Mann, der sich stets seiner Verantwortung als Botschafter der Raumfahrt bewusst war. Er setzte sich leidenschaftlich für die Weiterentwicklung der Raumfahrt und die Ausbildung neuer Kosmonauten ein und blieb bis zu seinem tragischen Tod im Jahr 1968 ein engagierter Verfechter der Raumfahrt.

Juri Gagarins historischer Flug wird für immer als eines der größten Abenteuer der Menschheit in Erinnerung bleiben. Sein Mut, seine Entschlossenheit und sein Beitrag zur Erforschung des Weltraums haben die Grenzen des Möglichen neu definiert und die Menschheit auf eine Reise in die unendlichen Weiten des Universums geführt.

Die Geburt der NASA und das Mercury-Programm

Nach dem Schock des sowjetischen Sputniks und dem Beginn des Weltraumzeitalters sah sich die amerikanische Regierung unter großem Druck, die nationale Raumfahrtanstrengung zu verstärken und den Wettlauf ins All zu gewinnen. Als Reaktion darauf wurde im Jahr 1958 die National Aeronautics and Space Administration (NASA) gegründet, eine neue Behörde, die für die zivile Raumfahrtforschung und -entwicklung in den Vereinigten Staaten verantwortlich war.

Die NASA übernahm die Kontrolle über alle bestehenden Raumfahrtprogramme der USA und begann sofort mit der Planung neuer Missionen und Projekte. Eine ihrer ersten Aufgaben war es, amerikanische Astronauten ins All zu bringen und sie sicher zurückzubringen – eine Aufgabe, die im Rahmen des Mercury-Programms durchgeführt werden sollte.

Das Mercury-Programm war das erste bemannte Raumfahrtprogramm der NASA und hatte zum Ziel, einen amerikanischen Astronauten in eine Erdumlaufbahn zu bringen und sicher wieder zur Erde zurückzubringen. Die Astronauten, die an dem Programm teilnahmen, wurden als ›Mercury Seven‹ bekannt und waren eine Gruppe von sieben mutigen Piloten, die bereit waren, sich den Herausforderungen des Weltraums zu stellen.

Die Auswahl der Mercury Seven war ein langwieriger Prozess, der sorgfältig durchgeführt wurde, um die besten Kandidaten auszuwählen. Unter den ausgewählten Astronauten waren berühmte Piloten wie Alan Shepard, John Glenn und Gus Grissom, die bereits Erfahrung im Testfliegen von Hochleistungsflugzeugen hatten und als die besten ihrer Generation galten.

Am 5. Mai 1961 wurde Alan Shepard als erster amerikanischer Astronaut ins All geschossen, als er mit seiner Mercury-Kapsel ›Freedom 7‹ in eine suborbitale Flugbahn flog. Shepard verbrachte nur etwa 15 Minuten im Weltraum, aber sein historischer Flug markierte einen bedeutenden Meilenstein in der Geschichte der Raumfahrt und einen wichtigen Sieg für die USA im Wettlauf ins All.

Nach Shepard folgten weitere erfolgreiche Mercury-Missionen, darunter der erste bemannte Erdumlauf von John Glenn im Jahr 1962. Diese frühen Erfolge legten den Grundstein für die späteren Apollo-Missionen zum Mond und etablierten die USA endgültig als führende Raumfahrtnation der Welt.

Das Mercury-Programm war nicht nur technologisch und wissenschaftlich bedeutsam, sondern hatte auch eine tiefgreifende kulturelle und politische Wirkung. Die Astronauten der Mercury-Ära wurden zu nationalen Helden und Symbolen des amerikanischen Pioniergeists, deren Tapferkeit und Entschlossenheit die Nation inspirierten und stolz machten. Ihr Vermächtnis lebt bis heute in der Geschichte der Raumfahrt und der Menschheit im All weiter.

Die Mondlandung

Am 20. Juli 1969 wurde die Menschheit Zeuge eines der größten Ereignisse der Geschichte, als die Apollo 11 Mission unter der Leitung von NASA-Astronaut Neil Armstrong auf dem Mond landete. Armstrong, zusammen mit seinen Kollegen Buzz Aldrin und Michael Collins, wurde Teil einer epischen Reise, die den Höhepunkt des amerikanischen Raumfahrtprogramms markierte und die Menschheit für immer veränderte.

Die Vorbereitungen für die Mondlandung begannen Jahre zuvor, als Präsident John F. Kennedy die Herausforderung aussprach, einen Menschen sicher auf den Mond zu bringen und ihn wieder zur Erde zurückzubringen, bevor das Jahrzehnt vorüber war. Die NASA arbeitete mit Hochdruck an der Entwicklung des Apollo-Programms, einer Serie von bemannten Missionen, die den Mond erforschen und schließlich auf seiner Oberfläche landen sollten.

Am 16. Juli 1969 startete die Apollo 11 Mission von Cape Kennedy in Florida mit dem Ziel, den Mond zu erreichen. An Bord der Raumkapsel ›Columbia‹ befanden sich Neil Armstrong, Buzz Aldrin und Michael Collins. Nach einer viertägigen Reise durch den Weltraum näherte sich die Apollo 11 dem Mond und begann ihren Abstieg zur Oberfläche.

Am 20. Juli betrat Neil Armstrong als erster Mensch den Mond und hinterließ einen bleibenden Eindruck in der Geschichte der Raumfahrt. Seine legendären Worte ›Ein kleiner Schritt für einen Menschen, aber ein riesiger Sprung für die Menschheit‹ wurden zu einem Symbol für den menschlichen Entdeckungsgeist und den Fortschritt der Menschheit im Weltraum.

Während Armstrong und Aldrin auf der Mondoberfläche spazierten und wissenschaftliche Experimente durchführten, kreiste Michael Collins allein in der Apollo-Kommandokapsel ›Columbia‹ um den Mond. Gemeinsam vollbrachten sie eine Leistung, die zuvor undenkbar schien und die Grenzen des menschlichen Könnens und der technologischen Innovation weit übertraf.

Die Mondlandung war nicht nur ein technologischer Triumph, sondern auch ein symbolischer Sieg im Kalten Krieg und ein Moment der nationalen Einheit und des Stolzes für die Vereinigten Staaten und die Menschheit als Ganzes. Die Bilder und Berichte von der Mondoberfläche faszinierten und inspirierten Menschen auf der ganzen Welt und eröffneten eine neue Ära der Weltraumforschung und -exploration.

Die Apollo 11 Mission und die Mondlandung von Neil Armstrong werden für immer als Höhepunkt der Raumfahrtgeschichte und als Meilenstein in der menschlichen Erforschung des Universums in Erinnerung bleiben. Ihr Vermächtnis lebt weiter in den Träumen und Ambitionen der nächsten Generationen von Astronauten und Raumfahrtpionieren, die den Blick nach den Sternen richten und das Unmögliche möglich machen wollen.

Die Skylab-Ära

Die Skylab-Ära markiert einen wichtigen Meilenstein in der Geschichte der Raumfahrt, da sie die erste Langzeitmission im Erdorbit darstellte und die Grundlage für die heutige Raumstationen legte.

Der Start von Skylab

Skylab, Amerikas erster Weltraumwohnsitz, wurde am 14. Mai 1973 von der NASA in die Umlaufbahn geschossen. Ursprünglich war Skylab eine umgebaute Saturn V-Rakete, die als Raumstation dienen sollte. Nach dem erfolgreichen Start begann eine neue Ära der Langzeitmissionen im Erdorbit.

Leben und Arbeiten an Bord von Skylab

Skylab bot den Astronauten eine einzigartige Umgebung, um das Leben und Arbeiten im Weltraum zu erforschen. Die Raumstation war mit Schlafkojen, Forschungslaboren, Fitnessgeräten und anderen Einrichtungen ausgestattet, um den Astronauten einen möglichst komfortablen Aufenthalt zu ermöglichen.

Die Crews führten zahlreiche Experimente und Studien durch, um die Auswirkungen von Langzeitaufenthalten im Weltraum auf den menschlichen Körper zu untersuchen. Dazu gehörten Studien zu Gewichtslosigkeit, Strahlenbelastung, Ernährung und psychologischen Effekten.

Erfolge und Herausforderungen

Während der Skylab-Missionen wurden viele wissenschaftliche Durchbrüche erzielt, darunter wichtige Erkenntnisse über den menschlichen Körper im Weltraum und die Auswirkungen von Mikrogravitation auf biologische Prozesse. Die Astronauten führten auch Reparatur- und Wartungsarbeiten an der Raumstation durch, um sicherzustellen, dass sie während ihrer gesamten Betriebsdauer funktionsfähig blieb.

Dennoch gab es auch Herausforderungen während der Skylab-Ära. Bei der ersten Mission kam es zu technischen Problemen, darunter ein defektes Sonnensegel, das die Raumstation überhitzte. Die Astronauten mussten improvisieren und Reparaturen durchführen, um die Situation zu stabilisieren.

Vermächtnis von Skylab

Trotz ihrer kurzen Betriebsdauer hinterließ Skylab ein bedeutendes Vermächtnis für die Raumfahrtgeschichte. Die Erfahrungen und Erkenntnisse aus der Skylab-Ära bildeten die Grundlage für den Bau und Betrieb von Raumstationen wie der Internationalen Raumstation (ISS) und trugen zur Weiterentwicklung der Raumfahrttechnologie bei.

Die Skylab-Ära zeigte, dass Langzeitmissionen im Erdorbit möglich sind und dass die Menschheit in der Lage ist, im Weltraum zu leben und zu arbeiten. Ihr Erbe lebt weiter in der fortlaufenden Erforschung des Weltraums und der Bestrebungen, das Universum zu verstehen und zu erschließen.

Der Space Shuttle:
Die Ära der wiederverwendbaren
Raumfähren

Die Einführung des Space Shuttle markierte einen bedeutenden Fortschritt in der Raumfahrtgeschichte und läutete eine neue Ära der Raumfahrt ein, die von wiederverwendbaren Raumfähren geprägt war.

Eine neue Ära der Raumfahrttechnologie

Der Space Shuttle, offiziell bekannt als Space Transportation System (STS), wurde von der NASA entwickelt und war das weltweit erste wiederverwendbare Raumfahrzeug. Im Gegensatz zu früheren Raumfahrzeugen, die nach jeder Mission verworfen wurden, konnten die Raumfähren des Space Shuttle-Programms mehrfach verwendet werden, was die Kosten für Raumfahrtmissionen erheblich senkte und die Häufigkeit von Flügen erhöhte.

Aufbau und Funktion des Space Shuttle

Das Space Shuttle bestand aus drei Hauptkomponenten: dem Orbiter, den Feststoffboostern und dem externen Tank. Der Orbiter war das eigentliche Raumfahrzeug, das die Astronauten und Fracht ins All transportierte und auch als Forschungslabor diente. Die Feststoffbooster lieferten zusätzlichen Schub beim Start, während der externe Tank Treibstoff für die Haupttriebwerke des Orbiters bereitstellte.

Einsatzmöglichkeiten und Missionen

Der Space Shuttle wurde für eine Vielzahl von Missionen eingesetzt, darunter den Transport von Satelliten ins All, wissenschaftliche Experimente im Weltraum, den Bau und die Wartung der Internationalen Raumstation (ISS) und sogar den Start und die Reparatur von Weltraumteleskopen wie dem Hubble-Weltraumteleskop.

Herausforderungen und Katastrophen

Obwohl das Space Shuttle als technologisches Wunderwerk galt, war es nicht ohne Risiken. Im Laufe seiner Betriebszeit erlebte das Programm mehrere tragische Unfälle, darunter den Verlust der Raumfähre Challenger im Jahr 1986 und des Raumfahrzeugs Columbia im Jahr 2003. Diese Katastrophen führten zu Untersuchungen und Überarbeitungen des Shuttle-Programms, um die Sicherheit der Astronauten zu verbessern.

Vermächtnis des Space Shuttle

Trotz seiner Herausforderungen und Unfälle war das Space Shuttle-Programm ein Meilenstein in der Raumfahrtgeschichte und trug wesentlich zum Aufbau und zur Weiterentwicklung der Internationalen Raumstation bei. Die Ära der wiederverwendbaren Raumfähren, die mit dem Space Shuttle begann, hat das Verständnis und die Fähigkeiten der Menschheit im Weltraum erweitert und den Weg für zukünftige Raumfahrtmissionen geebnet.

Die Internationale Raumstation (ISS): Eine dauerhafte Präsenz im Weltraum

Die Internationale Raumstation (ISS = International Space Station) steht als Symbol für die Zusammenarbeit der Menschheit im Weltraum und verkörpert eine dauerhafte Präsenz im Orbit unseres Planeten.

Ein Meilenstein in der Raumfahrtkooperation

Die Idee einer internationalen Raumstation wurde erstmals in den 1980er Jahren diskutiert, als verschiedene Raumfahrtagenturen begannen, Pläne für eine permanente Außenposten im Weltraum zu entwickeln. Schließlich schlossen sich 15 Nationen zusammen, um das Projekt voranzutreiben, und im Jahr 1998 wurde die erste Baustufe der ISS in die Umlaufbahn gebracht.

Aufbau und Entwicklung der ISS

Die ISS ist das größte künstliche Objekt im Erdorbit und besteht aus mehreren miteinander verbundenen Modulen, die von verschiedenen Raumfahrtagenturen gebaut und geliefert wurden, darunter die NASA, die russische Raumfahrtagentur Roscosmos, die europäische Raumfahrtagentur ESA und die japanische Raumfahrtagentur JAXA. Die Module dienen als Wohn-, Arbeits- und Forschungsbereiche für die Astronauten und bieten Platz für eine Vielzahl von wissenschaftlichen Experimenten.

Leben und Arbeiten an Bord der ISS

Die Besatzungen der ISS verbringen normalerweise mehrere Monate im Weltraum, wo sie in Schwerelosigkeit leben und arbeiten. Sie führen Experimente in den Bereichen Physik, Biologie, Medizin, Materialwissenschaften und Astronomie durch, um das Verständnis des Weltraums und seiner Auswirkungen auf den menschlichen Körper zu vertiefen. Die Astronauten sind auch für die Wartung und Reparatur der Raumstation verantwortlich, um sicherzustellen, dass sie während ihrer gesamten Betriebsdauer funktionsfähig bleibt.

Internationale Zusammenarbeit und Diplomatie

Die ISS ist ein Beispiel für erfolgreiche internationale Zusammenarbeit und Diplomatie im Weltraum. Trotz geopolitischer Spannungen auf der Erde arbeiten Astronauten aus verschiedenen Ländern friedlich zusammen, um gemeinsame Ziele zu erreichen und die Grenzen des menschlichen Wissens zu erweitern. Die ISS dient als Symbol für die Menschheit als eine Spezies, die gemeinsam die Herausforderungen und Möglichkeiten des Weltraums erkundet.

Das Vermächtnis der ISS

Die ISS hat bereits wichtige wissenschaftliche Durchbrüche und Erkenntnisse geliefert und wird weiterhin eine zentrale Rolle in der Erforschung des Weltraums spielen. Ihr Vermächtnis wird nicht nur in den wissenschaftlichen Entdeckungen, sondern auch in der Förderung der internationalen Zusammenarbeit und der Inspiration zukünftiger Generationen von Raumfahrern und Wissenschaftlern weiterleben. Die ISS ist ein Zeugnis für die Menschheit und ihre Fähigkeit, gemeinsam Großes zu erreichen, wenn sie sich vereint für ein gemeinsames Ziel einsetzt.

Die Ära der Raumsonden:
Die Erforschung des Sonnensystems

Die Ära der Raumsonden markiert einen Wendepunkt in der
Geschichte der Raumfahrt, da sie es der Menschheit ermöglich-
te, das Sonnensystem zu erkunden und die Geheimnisse des
Universums zu enthüllen.

Pioniere der Raumsonden

Die Anfänge der Raumsonden gehen zurück auf die 1950er
und 1960er Jahre, als die ersten Sonden von verschiedenen
Nationen ins All geschickt wurden, um den Mond und die in-
neren Planeten zu erforschen. Die sowjetische Raumsonde
Luna 2 war 1959 die erste, die erfolgreich auf dem Mond auf-
schlug, gefolgt von der US-amerikanischen Mariner 2, die 1962
als erste Raumsonde Venus erreichte.

Die Erkundung des Sonnensystems

In den folgenden Jahrzehnten wurden immer leistungsfähige-
re Raumsonden entwickelt, die es der Menschheit ermöglichten, das Sonnensystem systematisch zu erforschen. Die Voya-
ger-Sonden, die in den 1970er Jahren gestartet wurden, lieferten erstmals detaillierte Bilder und Daten von den äußeren Planeten Jupiter, Saturn, Uranus und Neptun, während die Mars-

rover wie Viking, Pathfinder und Curiosity wichtige Erkenntnisse über den Roten Planeten lieferten.

Die Erforschung der äußeren Planeten und ihrer Monde

Die Raumsonden Galileo und Cassini-Huygens revolutionierten unser Verständnis der äußeren Planeten und ihrer zahlreichen Monde. Galileo erkundete Jupiter und seine Monde, darunter Europa, wo möglicherweise flüssiges Wasser unter der eisigen Oberfläche existiert. Cassini-Huygens lieferte faszinierende Einblicke in das Saturnsystem, einschließlich der Entdeckung von flüssigen Methanseen auf dem Mond Titan.

Die Suche nach außerirdischem Leben

Eine der wichtigsten Motivationen für die Erforschung des Sonnensystems mit Raumsonden ist die Suche nach außerirdischem Leben. Sonden wie die Marsrover und die Sonde Europa Clipper sind speziell darauf ausgerichtet, nach Anzeichen von Leben auf anderen Himmelskörpern zu suchen, sei es in Form von Mikroorganismen auf dem Mars oder möglicherweise unter dem Eispanzer von Europa.

Das Vermächtnis der Raumsondenära

Die Ära der Raumsonden hat unser Verständnis des Sonnensystems revolutioniert und zahlreiche wissenschaftliche Durchbrüche ermöglicht. Ihr Vermächtnis wird in den kommenden Jahrzehnten weiterleben, da neue Raumsonden und Missionen geplant sind, um die ungelösten Rätsel des Universums zu lösen und die Grenzen des menschlichen Wissens weiter zu erweitern.

Der Mars: Von den ersten Sonden bis zu den aktuellen Rover-Missionen

Der Mars, unser roter Nachbarplanet, hat seit langem die Faszination der Menschheit geweckt und war Ziel zahlreicher Raumfahrtmissionen, die sein Geheimnis zu enthüllen versuchen.

Die ersten Erkundungen des Mars

Die Erforschung des Mars begann in den 1960er Jahren mit den ersten Vorstößen von Raumsonden, darunter die Mariner- und Viking-Missionen der NASA. Diese frühen Sonden lieferten die ersten Nahaufnahmen und Daten über die Oberfläche und Atmosphäre des Mars und legten den Grundstein für weitere Erforschungen.

Die Suche nach Spuren von Leben

Eine der wichtigsten Motivationen für die Erforschung des Mars ist die Suche nach Spuren von Leben. Die Viking-Lander, die 1976 auf dem Mars landeten, führten die ersten biologischen Experimente auf der Marsoberfläche durch, obwohl ihre Ergebnisse umstritten waren. Seitdem haben zahlreiche Missionen nach Anzeichen von früherem oder gegenwärtigem Leben auf dem Mars gesucht, darunter die Marsrover Spirit, Opportunity und Curiosity der NASA.

Die Ära der Marsrover

Die Marsrover haben das Gesicht der Marsforschung verändert, indem sie es ermöglichten, die Oberfläche des Planeten in bisher unerreichter Detailgenauigkeit zu erkunden. Spirit und Opportunity, die im Jahr 2004 gelandet sind, haben beeindruckende Entdeckungen gemacht und Hinweise auf frühere Wasservorkommen und potenziell lebensfreundliche Umgebungen gefunden. Curiosity, der 2012 landete, hat sein großes Interesse an den Ablagerungen am Gale-Krater und seinen Funden von organischen Verbindungen auf dem Mars unter Beweis gestellt.

Die Zukunft der Marsforschung

Die Marsforschung steht vor einer vielversprechenden Zukunft, da immer mehr Länder und Organisationen Pläne für neue Missionen und Expeditionen zum Roten Planeten schmieden. Die NASA plant bereits die Missionen des Marsrover Perseverance und des Mars Sample Return, die darauf abzielen, Proben von der Marsoberfläche zurückzubringen und das Rätsel der Marsvergangenheit zu lösen.

Die Bedeutung des Mars für die Menschheit

Der Mars bleibt ein faszinierendes Ziel für die Menschheit und bietet die Möglichkeit, nicht nur unser Verständnis des Sonnensystems zu erweitern, sondern auch den Weg für zukünftige bemannte Missionen zum Mars zu ebnen. Die Erforschung des Mars könnte entscheidende Erkenntnisse darüber liefern, ob das Leben jemals außerhalb der Erde existierte und ob der Mars möglicherweise eine lebensfreundliche Umgebung für zukünftige Siedlungen bieten könnte.

Raumfahrt und Politik: Der Einfluss des Kalten Krieges auf die Raumfahrt

Der Kalte Krieg zwischen den Supermächten USA und UdSSR hatte einen enormen Einfluss auf die Entwicklung der Raumfahrt und prägte die Geschichte der Raumfahrt in den Jahren des Wettlaufs ins All.

Der Wettlauf ins All als Propagandamittel

In den 1950er und 1960er Jahren war die Raumfahrt ein Schauplatz des ideologischen Wettstreits zwischen den USA und der UdSSR. Beide Seiten nutzten ihre Erfolge in der Raumfahrt als Propagandamittel, um die Überlegenheit ihres politischen Systems zu demonstrieren. Die UdSSR erzielte einen bedeutenden Sieg, als sie 1957 den ersten künstlichen Satelliten, Sputnik 1, ins All schickte, gefolgt von dem ersten bemannten Weltraumflug von Juri Gagarin im Jahr 1961.

Die Mondlandung als Höhepunkt des Wettlaufs

Der Wettlauf ins All erreichte seinen Höhepunkt mit der Mondlandung der Apollo 11 Mission der NASA im Jahr 1969. Die USA stellten damit ihre technologische Überlegenheit im Raumfahrtbereich unter Beweis und erreichten einen symbolischen Sieg über die UdSSR. Die Bilder von Astronauten, die

die US-Flagge auf dem Mond hissten, wurden weltweit als Triumph des Westens gefeiert.

Rüstungswettlauf im Weltraum

Der Kalte Krieg führte auch zu einem Rüstungswettlauf im Weltraum, als beide Seiten begannen, militärische Satelliten und Waffensysteme im Orbit zu entwickeln. Die UdSSR startete die erste Weltraumstation, die Saljut 1, im Jahr 1971, gefolgt von einer Reihe von Militärsatelliten zur Überwachung des gegnerischen Territoriums. Die USA antworteten mit ihrem eigenen militärischen Raumfahrtprogramm und der Entwicklung von Spionagesatelliten wie dem KH-11.

Friedliche Kooperation trotz politischer Spannungen

Trotz der politischen Spannungen während des Kalten Krieges gab es auch Momente der friedlichen Kooperation im Weltraum. Das Apollo-Soyuz-Projekt von 1975 war ein symbolischer Akt der Entspannung zwischen den USA und der UdSSR, als Astronauten und Kosmonauten beider Nationen sich im Weltraum trafen und gemeinsame Experimente durchführten.

Das Vermächtnis des Kalten Krieges in der Raumfahrt

Der Kalte Krieg hinterließ ein bleibendes Vermächtnis in der Raumfahrt, das bis heute spürbar ist. Obwohl die politischen Spannungen zwischen den USA und Russland weiterhin bestehen, hat die Raumfahrt dennoch eine Brücke zwischen den Nationen geschaffen und zeigt das Potenzial für friedliche Zusammenarbeit und Diplomatie im Weltraum auf.

Raumfahrttechnologie: Von Raketenan-
trieben bis zur Lebenserhaltung im Weltraum

Die Raumfahrttechnologie ist ein faszinierendes und vielschichtiges Gebiet, das von Raketenantrieben bis zur Lebenserhaltung im Weltraum reicht und entscheidend für den Erfolg von Raumfahrtmissionen ist.

Raketenantriebe
Die Triebkraft der Raumfahrt

Raketenantriebe sind das Herzstück der Raumfahrt und ermöglichen es, Objekte von der Erde ins All zu bringen. Sie arbeiten nach dem Prinzip des Rückstoßes, bei dem heiße Gase mit hoher Geschwindigkeit ausgestoßen werden, um einen Schub zu erzeugen, der das Raumschiff vorantreibt. Verschiedene Arten von Raketenantrieben, darunter chemische, ionische und nukleare Antriebe, werden je nach Anforderungen der Mission eingesetzt.

Lebenserhaltungssysteme
Das Überleben im Weltraum gewährleisten

Die Lebenserhaltungssysteme sind entscheidend für das Überleben von Astronauten im Weltraum und umfassen die Bereitstellung von Sauerstoff, Wasser, Nahrung und Temperaturregelungssystemen. Diese Systeme müssen so konzipiert sein, dass sie in der lebensfeindlichen Umgebung des Weltraums funktionieren und die Gesundheit und Sicherheit der Besatzung gewährleisten.

Raumanzüge
Schutz im Vakuum des Weltraums

Raumanzüge sind die persönliche Schutzausrüstung der Astronauten und dienen dazu, sie vor den extremen Bedingungen des Weltraums zu schützen. Sie müssen druckdicht sein, um den Astronauten Sauerstoff und eine angemessene Temperatur zu bieten, während sie gleichzeitig Flexibilität und Bewegungsfreiheit ermöglichen, um die Durchführung von Außenarbeiten und Experimenten zu erleichtern.

Raumfahrzeugdesign
Effizienz und Zuverlässigkeit im Weltraum

Das Design von Raumfahrzeugen muss sowohl effizient als auch zuverlässig sein, um den Anforderungen der Raumfahrt gerecht zu werden. Raumfahrzeuge müssen in der Lage sein, lange Strecken im Weltraum zurückzulegen, verschiedene Manöver durchzuführen und sicher zu landen. Fortschritte in der

Raumfahrttechnologie haben die Entwicklung von Raumfahrzeugen ermöglicht, die sowohl leistungsfähig als auch wirtschaftlich sind.

Innovation und Fortschritt in der Raumfahrttechnologie

Die Raumfahrttechnologie befindet sich ständig im Wandel und unterliegt einem fortlaufenden Innovationsprozess. Neue Materialien, Technologien und Konzepte werden entwickelt, um die Effizienz, Sicherheit und Leistungsfähigkeit von Raumfahrzeugen und -systemen kontinuierlich zu verbessern und die Grenzen der menschlichen Erforschung des Weltraums zu erweitern.

Raumfahrt und Gesellschaft:
Die Auswirkungen der Raumfahrt auf die
Populärkultur und das Bewusstsein der
Menschheit

Die Raumfahrt hat nicht nur die Grenzen des Universums erkundet, sondern auch die menschliche Vorstellungskraft beflügelt und die Populärkultur maßgeblich geprägt.

Die Faszination für das Unbekannte
Raumfahrt in der Populärkultur

Die Raumfahrt hat seit ihren Anfängen eine starke Faszination auf die Menschen ausgeübt und ist zu einem zentralen Thema in der Populärkultur geworden. Science-Fiction-Romane, Filme und Fernsehsendungen, wie zum Beispiel ›Star Trek‹ und ›Star Wars‹, haben das Bild der Raumfahrt geprägt und das Bewusstsein der Menschheit für die unendlichen Möglichkeiten des Universums erweitert.

Die Mondlandung als kulturelles Ereignis

Die Mondlandung der Apollo 11 Mission im Jahr 1969 war ein historisches Ereignis, das nicht nur als Meilenstein in der

Raumfahrtgeschichte, sondern auch als kulturelles Ereignis von enormer Bedeutung angesehen wird. Millionen von Menschen auf der ganzen Welt verfolgten gebannt die Live-Übertragungen im Fernsehen und wurden Zeugen, wie die Menschheit einen anderen Himmelskörper betrat. Die Mondlandung inspirierte Generationen von Menschen und prägte das kollektive Bewusstsein für die Möglichkeiten und Herausforderungen der Raumfahrt.

Technologie und Innovation

Raumfahrt als Motor für Fortschritt

Die Raumfahrt hat nicht nur das Bewusstsein der Menschheit beeinflusst, sondern auch zahlreiche technologische Innovationen hervorgebracht, die weit über den Weltraum hinaus reichen. Die Entwicklungen in den Bereichen der Computertechnologie, der Materialwissenschaften und der Telekommunikation, die für die Raumfahrt erforderlich sind, haben die Grundlage für viele moderne Technologien geschaffen, die unseren Alltag prägen.

Die Erforschung des Unbekannten

Raumfahrt und das Streben nach Wissen

Die Raumfahrt verkörpert das menschliche Streben nach Wissen und Verständnis und hat dazu beigetragen, unsere Sichtweise auf das Universum und unseren Platz darin zu erweitern. Die Entdeckungen und Erkenntnisse aus Raumfahrtmissionen haben nicht nur unser wissenschaftliches Verständnis vertieft, sondern auch unser spirituelles und philosophisches Bewusstsein für die Schönheit und Komplexität des Kosmos bereichert.

Die Zukunft der Raumfahrt und der Menschheit

Die Raumfahrt bleibt eine der aufregendsten und herausfordendsten menschlichen Unternehmungen, die das Potenzial hat, die Grenzen des menschlichen Wissens zu erweitern und die Menschheit zu neuen Horizonten zu führen. Während wir uns weiter in den Weltraum wagen und neue Ziele wie die Besiedlung anderer Planeten ins Auge fassen, werden die Auswirkungen der Raumfahrt auf die Gesellschaft und das Bewusstsein der Menschheit weiterhin von entscheidender Bedeutung sein.

Raumfahrt und Umwelt: Die Suche nach erneuerbaren Ressourcen im Weltraum

Die Raumfahrt hat nicht nur die Erde und den Weltraum erkundet, sondern bietet auch Möglichkeiten zur Nutzung erneuerbarer Ressourcen außerhalb unseres Planeten.

Die Notwendigkeit erneuerbarer Ressourcen im Weltraum

Die Suche nach erneuerbaren Ressourcen im Weltraum ist von entscheidender Bedeutung für die Zukunft der Raumfahrt und der Menschheit. Die begrenzten Ressourcen der Erde und die wachsende Bevölkerung erfordern alternative Quellen für Energie, Wasser und andere lebenswichtige Materialien. Die Nutzung von Ressourcen im Weltraum könnte eine Lösung bieten, um die Bedürfnisse der Menschheit zu decken und gleichzeitig die Umweltbelastung auf der Erde zu reduzieren.

Der Mond als potenzielle Ressourcenquelle

Der Mond ist ein vielversprechendes Ziel für die Suche nach erneuerbaren Ressourcen im Weltraum. Er enthält eine Vielzahl von Materialien, darunter Wasser, Eis, Metalle und Gesteine, die für zukünftige Raumfahrtmissionen von entscheidender Bedeutung sein könnten. Wasser auf dem Mond könnte beispielsweise in Sauerstoff und Wasserstoff umgewandelt werden, um Treibstoff für Raumfahrzeuge herzustellen, während

Metalle und Gesteine für den Bau von Infrastrukturen und Habitatstrukturen genutzt werden könnten.

Asteroiden als reiche Quellen von Rohstoffen

Asteroiden sind eine weitere vielversprechende Quelle erneuerbarer Ressourcen im Weltraum. Sie enthalten eine Vielzahl von wertvollen Materialien, darunter Metalle wie Eisen, Nickel und Platin, die für die Herstellung von Baustoffen, Elektronik und anderen Produkten verwendet werden könnten. Die Erforschung und Bergung von Asteroiden könnte in Zukunft eine wichtige Rolle bei der Bereitstellung von Rohstoffen für die Raumfahrt und den Bergbau im Weltraum spielen.

Herausforderungen und Chancen

Die Suche nach erneuerbaren Ressourcen im Weltraum stellt jedoch auch zahlreiche technische, wirtschaftliche und rechtliche Herausforderungen dar. Die Entwicklung von Technologien zur Extraktion und Nutzung von Ressourcen im Weltraum erfordert beträchtliche Investitionen und Zusammenarbeit zwischen Regierungen, Unternehmen und internationalen Organisationen. Gleichzeitig birgt die Erschließung von Weltraumressourcen enorme Chancen für wissenschaftliche Erkenntnisse, wirtschaftliches Wachstum und die langfristige Nachhaltigkeit der menschlichen Zivilisation.

Die Zukunft der Raumfahrt und der Menschheit im Weltraum

Die Suche nach erneuerbaren Ressourcen im Weltraum markiert einen weiteren Schritt in der Evolution der Raumfahrt und der Menschheit im Weltraum. Indem wir die Ressourcen des Weltraums nutzen, um unsere Bedürfnisse zu decken, können wir nicht nur die Grenzen des menschlichen Wissens erweitern, sondern auch die Grundlagen für eine nachhaltige Zukunft im Weltraum und auf der Erde schaffen.

Zukunftsvisionen: Bemannte Missionen zum Mars und darüber hinaus

Die Menschheit hat seit langem den Traum, den roten Planeten zu erreichen und sich über die Grenzen unseres Heimatplaneten hinaus zu wagen. Bemannte Missionen zum Mars und darüber hinaus sind der Höhepunkt der Raumfahrttechnologie und markieren einen entscheidenden Schritt in der menschlichen Erforschung des Weltraums.

Die Herausforderung des Mars
Eine neue Ära der Raumfahrt

Der Mars fasziniert die Menschheit schon seit Jahrhunderten mit seiner roten Oberfläche und seiner möglichen Ähnlichkeit mit der Erde. Bemannte Missionen zum Mars stellen jedoch eine der größten technologischen und logistischen Herausforderungen der Raumfahrt dar. Die lange Reisezeit, die extremen Umweltbedingungen und die Notwendigkeit, autarke Lebenserhaltungssysteme zu entwickeln, machen den Mars zu einem anspruchsvollen Ziel für die Raumfahrt.

Die Vision von einer kolonisierten Mars: Eine neue Heimat im Weltraum

Trotz der zahlreichen Herausforderungen und Risiken sind Visionäre und Raumfahrtorganisationen wie SpaceX, NASA und andere fest entschlossen, den Traum einer bemannten Marsmission Wirklichkeit werden zu lassen. Die Vision einer kolonisierten Marskolonie, in der Menschen langfristig leben und arbeiten können, ist ein faszinierendes Ziel, das die menschliche Vorstellungskraft beflügelt und neue Möglichkeiten für die Zukunft des Lebens im Weltraum eröffnet.

Technologische Innovationen und Fortschritte: Die Vorbereitung auf die Reise zum Mars

Die Vorbereitung auf bemannte Missionen zum Mars erfordert zahlreiche technologische Innovationen und Fortschritte in den Bereichen Raketenantrieb, Lebenserhaltungssysteme, Raumfahrzeugdesign und Robotertechnik. Unternehmen und Forschungsinstitutionen auf der ganzen Welt arbeiten intensiv daran, die erforderlichen Technologien zu entwickeln und zu testen, um die Reise zum Mars sicher und erfolgreich zu gestalten.

Die Zukunft der Raumfahrt und der Menschheit: Eine Reise ins Unbekannte

Bemannte Missionen zum Mars und darüber hinaus markieren den Beginn einer neuen Ära der Raumfahrt und der menschlichen Erforschung des Weltraums. Sie stellen nicht nur eine technologische und logistische Herausforderung dar, sondern auch eine kulturelle und philosophische Reise, die das Bewusstsein der Menschheit für unseren Platz im Universum erweitern wird. Die Zukunft der Raumfahrt und der Menschheit liegt in den Sternen, und die Reise zum Mars ist nur der Anfang eines aufregenden neuen Kapitels in der Geschichte der Raumfahrt.

Private Raumfahrtunternehmen: Die neue Ära der Raumfahrtbranche

Die Raumfahrtbranche erlebt eine revolutionäre Veränderung durch das Aufkommen von privaten Raumfahrtunternehmen wie SpaceX, Blue Origin und anderen. Diese Unternehmen haben nicht nur die Art und Weise verändert, wie wir über Raumfahrt denken, sondern auch die Grenzen des Möglichen neu definiert.

Der Aufstieg von SpaceX
Die Vision von Elon Musk

SpaceX, gegründet von Elon Musk im Jahr 2002, hat sich schnell zu einem der führenden Unternehmen in der Raumfahrtbranche entwickelt. Mit der Vision, den Weltraum für die Menschheit erschwinglich und zugänglich zu machen, hat SpaceX bahnbrechende Technologien entwickelt, darunter die Falcon-Raketenfamilie und das Dragon-Raumschiff. Das Unternehmen hat nicht nur erfolgreich Satelliten in den Orbit gebracht, sondern auch die Versorgung der Internationalen Raumstation (ISS) übernommen und bahnbrechende Fortschritte bei der Wiederverwendbarkeit von Raketen erzielt.

Blue Origin

Die Mission von Jeff Bezos

Blue Origin, gegründet von Jeff Bezos im Jahr 2000, verfolgt eine ähnliche Vision wie SpaceX, jedoch mit einem Schwerpunkt auf der Erschließung des Weltraums für wissenschaftliche Forschung und Tourismus. Das Unternehmen hat fortschrittliche Raketen wie die New Shepard entwickelt, die suborbitale Flüge für Touristen ermöglichen sollen. Blue Origin strebt auch nach einer Zukunft, in der Menschen dauerhaft im Weltraum leben und arbeiten können.

Andere Akteure in der privaten Raumfahrtbranche

Neben SpaceX und Blue Origin gibt es eine Vielzahl anderer privater Raumfahrtunternehmen, die sich auf verschiedene Aspekte der Raumfahrt konzentrieren. Unternehmen wie Rocket Lab, Virgin Galactic und Sierra Nevada Corporation haben ebenfalls bedeutende Fortschritte erzielt und tragen zur Vielfalt und Innovation in der Raumfahrtbranche bei.

Die Auswirkungen der privaten Raumfahrt auf die Industrie

Die Aufstieg der privaten Raumfahrtunternehmen hat die Raumfahrtindustrie grundlegend verändert und neue Möglichkeiten für Innovation und Wettbewerb geschaffen. Durch ihre Flexibilität, Innovationskraft und ihren unternehmerischen Geist haben diese Unternehmen dazu beigetragen, die Kosten für den Zugang zum Weltraum zu senken und die Geschwindigkeit der technologischen Entwicklung zu beschleunigen. Sie haben auch neue Märkte und Geschäftsmöglichkeiten erschlossen, darunter kommerzielle Satellitenstarts, Weltraumtourismus und die Erforschung des Mondes und Mars.

Die Zukunft der privaten Raumfahrt

Die Zukunft der privaten Raumfahrtunternehmen ist voller Möglichkeiten und Herausforderungen. Während sie weiterhin innovative Technologien entwickeln und neue Märkte erschließen, stehen sie auch vor der Herausforderung, sicherzustellen, dass ihre Missionen sicher und nachhaltig sind. Durch Zusammenarbeit mit Regierungen, internationalen Organisationen und anderen Unternehmen können private Raumfahrtunternehmen eine zentrale Rolle bei der Gestaltung der Zukunft der Raumfahrt und der Menschheit im Weltraum spielen.

Internationale Zusammenarbeit: Die Bedeutung von Kooperationen in der modernen Raumfahrt

Die Raumfahrt ist ein Bereich, der von Natur aus grenzüberschreitend ist und eine intensive Zusammenarbeit zwischen verschiedenen Ländern und Organisationen erfordert. Die Bedeutung von Kooperationen in der modernen Raumfahrt erstreckt sich über technische Aspekte hinaus und umfasst politische, wirtschaftliche und soziale Dimensionen.

Die Notwendigkeit globaler Zusammenarbeit
Ein Blick auf die Raumfahrtgeschichte

Schon in den Anfängen der Raumfahrt wurde die Bedeutung internationaler Zusammenarbeit deutlich. Beispiele hierfür sind das Apollo-Soyuz-Test-Projekt zwischen den USA und der Sowjetunion in den 1970er Jahren sowie die Internationale Raumstation (ISS), die ein gemeinsames Projekt von mehreren Ländern ist. Diese historischen Ereignisse haben gezeigt, dass die Raumfahrt als ein Bereich angesehen wird, der die Zusammenarbeit und den Austausch zwischen Nationen fördert und über politische Grenzen hinweg verbindet.

Technische Zusammenarbeit
Teilen von Ressourcen und Know-how

In der modernen Raumfahrt ist die technische Zusammenarbeit von entscheidender Bedeutung für den Erfolg von Raumfahrtmissionen. Länder und Organisationen arbeiten zusammen, um Ressourcen und Fachwissen zu teilen, Technologien zu entwickeln und Raumfahrtmissionen durchzuführen. Beispiele hierfür sind die Zusammenarbeit bei der Entwicklung und dem Betrieb von Satelliten, Raketen und Raumsonden sowie bei der Erforschung des Weltraums und der Erforschung anderer Himmelskörper.

Politische und diplomatische Zusammenarbeit
Förderung von Frieden und Verständigung

Die Raumfahrt hat auch eine politische und diplomatische Dimension, die dazu beiträgt, Frieden und Verständigung zwischen Nationen zu fördern. Durch die Zusammenarbeit in der Raumfahrt können Länder gemeinsame Ziele verfolgen, Konflikte überwinden und gemeinsame Interessen verteidigen. Darüber hinaus fördert die internationale Zusammenarbeit in der Raumfahrt den Austausch von Ideen, Kulturen und Werten und trägt so zur Förderung von Frieden und Verständigung auf globaler Ebene bei.

Wirtschaftliche Zusammenarbeit
Schaffung von Arbeitsplätzen und Wohlstand

Die Raumfahrt bietet auch wirtschaftliche Chancen und Möglichkeiten zur Zusammenarbeit zwischen Ländern und Organisationen. Durch gemeinsame Raumfahrtprojekte können Arbeitsplätze geschaffen, Technologien entwickelt und neue Märkte erschlossen werden. Darüber hinaus kann die Raumfahrt zur wirtschaftlichen Entwicklung von Regionen und Ländern beitragen und dazu beitragen, Wohlstand und Wachstum zu fördern.

Soziale Zusammenarbeit
Bildung und Kultur

Neben den technischen, politischen und wirtschaftlichen Dimensionen trägt die internationale Zusammenarbeit in der Raumfahrt auch zur Bildung und kulturellen Entwicklung bei. Durch den Austausch von Wissen, Erfahrungen und Ressourcen können Länder und Organisationen voneinander lernen und gemeinsam neue Horizonte erkunden. Dies fördert nicht nur die Entwicklung der Raumfahrt, sondern auch das Verständnis und die Wertschätzung für die Schönheit und Komplexität des Universums.

Die Zukunft der Raumfahrt: Herausforderungen und Chancen im 21. Jahrhundert

Die Raumfahrt steht im 21. Jahrhundert vor einer Vielzahl von Herausforderungen und Chancen, die sowohl technologische als auch politische, wirtschaftliche und soziale Aspekte umfassen. Diese Herausforderungen und Chancen werden die Entwicklung der Raumfahrt in den kommenden Jahrzehnten prägen und beeinflussen.

Technologische Herausforderungen
Fortschritte und Innovationen

Eine der größten technologischen Herausforderungen der Raumfahrt im 21. Jahrhundert besteht darin, neue und innovative Technologien zu entwickeln, die es ermöglichen, weiter und schneller ins All zu reisen. Dazu gehören Fortschritte bei der Antriebstechnik, der Lebenserhaltungssysteme und der Raumfahrtinfrastruktur. Die Erforschung neuer Antriebstechnologien wie ionischer Antrieb und Kernfusion könnte die Raumfahrt revolutionieren und den Weg für bemannte Missionen zum Mars und darüber hinaus ebnen.

Politische und wirtschaftliche Herausforderungen

Zusammenarbeit und Ressourcenmanagement

Im Hinblick auf politische und wirtschaftliche Herausforderungen müssen Raumfahrtorganisationen und Regierungen auf der ganzen Welt zusammenarbeiten, um gemeinsame Ziele zu erreichen und Ressourcen effizient zu nutzen. Dies erfordert eine verstärkte internationale Zusammenarbeit und Koordination, um Konflikte zu vermeiden und gemeinsame Interessen zu fördern. Darüber hinaus müssen Fragen der Ressourcenverteilung und -nutzung im Weltraum geklärt werden, um sicherzustellen, dass die Raumfahrt nachhaltig und verantwortungsvoll ist.

Soziale und ethische Herausforderungen

Sicherheit und Gerechtigkeit

Die Raumfahrt wirft auch eine Reihe von sozialen und ethischen Fragen auf, darunter Fragen der Sicherheit, Gerechtigkeit und Fairness. Die zunehmende Kommerzialisierung und Privatisierung der Raumfahrt könnte zu einer Fragmentierung der Raumfahrtgemeinschaft führen und den Zugang zum Weltraum für einige Länder und Organisationen erschweren. Darüber hinaus müssen Fragen der Weltraumwaffen und der militärischen Nutzung des Weltraums angegangen werden, um die friedliche Nutzung des Weltraums zu gewährleisten und das Wohlergehen aller Menschen zu schützen.

Chancen und Perspektiven

Erkundung und Innovation

Trotz dieser Herausforderungen bietet die Raumfahrt auch eine Vielzahl von Chancen und Perspektiven für die Zukunft. Die Erforschung des Weltraums und die Erkundung neuer Himmelskörper könnten bahnbrechende Entdeckungen und Erkenntnisse über das Universum und unseren Platz darin bringen. Darüber hinaus könnte die Raumfahrttechnologie auch auf der Erde von Nutzen sein, indem sie neue Lösungen für globale Herausforderungen wie den Klimawandel, die Energieversorgung und die Umweltzerstörung bietet. Insgesamt bietet die Zukunft der Raumfahrt eine Fülle von Möglichkeiten für Fortschritt, Entwicklung und Zusammenarbeit auf globaler Ebene.

Über den Autor

Lutz Spilker wurde im Jahre 1955 in Duisburg geboren.

Bevor er zum Schreiben von Romanen und Dokumentationen fand, verließen bisher unzählige Kurzgeschichten, Kolumnen und Versdichtungen seine Feder.

In seinen Büchern befasst er sich vorrangig mit dem menschlichen Bewusstsein und der damit verbundenen Wahrnehmung. Seine Grenzen sind nicht die, welche mit der Endlichkeit des Denkens, des Handelns und des Lebens begrenzt werden, sondern jene, die der empirischen Denkform noch nicht unterliegen.

Es sind die Möglichkeiten des Machbaren, die Dinge, welche sich allein in der Vorstellung eines jeden Menschen darstellen und aufgrund der Flüchtigkeit des Geistes unbewiesen bleiben. Die Erkenntnis besitzt ihre Gültigkeit lediglich bis zur Erlangung einer neuen und die passiert zu jeder weiteren Sekunde.

Die Welt von Lutz Spilker beginnt dort, wo zu Beginn allen Seins nichts Fassbares war, als leerer Raum. Kein Vorne, kein Hinten, kein Oben und kein Unten. Kein Glaube, kein Wissen, keine Moral, keine Gesetze und keine Grenzen. Nichts.

In Lutz Spilkers Romanen passieren heimtückische Morde ebenso wie die Zauber eines Märchens. Seine Bücher sind oftmals Thriller, Krimi, Abenteuer, Science Fiction, Fantasy und selbst Love-Story in einem.

»Ich liebe die Sprache: Sie vermag zu streicheln, zu liebkosen und zu Tränen zu rühren. Doch sie kann ebenso stachelig sein, wie der Dorn einer Rose und mit nur einem Hieb zerschmettern.«

In dieser Reihe sind bisher erschienen

Die Erfindung der Musik
Die Erfindung der Wiedergeburt
Die Erfindung des Zufalls
Die Erfindung der Namen
Die Erfindung des Bewusstseins
Die Erfindung des freien Willens
Die Erfindung des Wahrsagens
Die Erfindung der Körpersprache
Die Erfindung des Schlafs
Die Erfindung der Sklaverei
Die Erfindung der Angst
Die Erfindung der Vernunft
Die Erfindung des Vollmonds
Die Erfindung des Vitamin B
Die Erfindung des Make-Up
Die Erfindung des Weihnachtsfestes
Die Erfindung des Ku-Klux-Klan
Die Erfindung des Träumens
Die Erfindung der Flaschenpost
Die Erfindung der Mafia
Die Erfindung der Freimaurer
Die Erfindung der Freibeuter
Die Erfindung der Raumfahrt
Die Erfindung der Tempelritter
Die Erfindung des ADHS-Syndroms
Die Erfindung der Homöopathie
Die Erfindung der Freizeitparks

FSC
www.fsc.org
MIX
Papier | Fördert
gute Waldnutzung
FSC® C083411

Zeitfracht Medien GmbH
Ferdinand-Jühlke-Straße 7
99095 Erfurt, Deutschland
produktsicherheit@kolibri360.de